AF313300

VILLE DE LILLE (Nord)

VENTE AUX ENCHÈRES PUBLIQUES

DE LA

COLLECTION DE M. ***

COMPRENANT

IVOIRES ANCIENS

STATUETTES, GROUPES
BAS-RELIEFS, OBJETS DIVERS

PARMI LESQUELS

DEUX BEAUX BAS-RELIEFS

EXÉCUTÉS DANS LA MANIÈRE DE

Aᴹ BLOEMAERT

Dont la vente aura lieu

A LILLE, hôtel des Ventes, rue Jean-Roisin, salle nº 1,
Le lundi 20 mars 1893, à deux heures précises.

Mᵉ E. MÉRIAUX	Mᵉ GANDOUIN
Commissaire-Priseur	Expert
à Lille,	31, rue des Saint-Pères, à Paris,
73, rue Jacquemart-Giélée.	et Grand-Hôtel, à Lille.

CHEZ LESQUELS SE DISTRIBUE LE CATALOGUE

EXPOSITION PUBLIQUE
Le Dimanche 19 mars 1893, de 10 heures à 4 h. du soir.

Paris. — MAY & MOTTEROZ, Lib.-Imp. réunies
7, rue Saint-Benoît.

VILLE DE LILLE (Nord)

VENTE AUX ENCHÈRES PUBLIQUES

DE LA

COLLECTION DE M. ***

COMPRENANT

IVOIRES ANCIENS

STATUETTES, GROUPES
BAS-RELIEFS, OBJETS DIVERS

PARMI LESQUELS

DEUX BEAUX BAS-RELIEFS

EXÉCUTÉS DANS LA MANIÈRE DE

A^m BLOEMAERT

Dont la vente aura lieu

A LILLE, Hôtel des Ventes, rue Jean-Roisin, salle n° 1,
Le lundi 20 mars 1893, à deux heures précises.

Me E. MÉRIAUX	**Me GANDOUIN**
Commissaire-Priseur	Expert
à Lille,	31, rue des Saints-Pères, à Paris,
73, rue Jacquemart-Giêlée.	et Grand-Hôtel, à Lille.

CHEZ LESQUELS SE DISTRIBUE LE CATALOGUE

EXPOSITION PUBLIQUE
Le Dimanche 19 mars 1893, de 10 heures à 4 h. du soir.

CONDITIONS DE LA VENTE

La vente sera faite au comptant.

Les acquéreurs payeront 10 0/0 en sus du prix d'adjudication, applicables aux frais.

Plus 0 fr. 50 0/0 pour droits de criée.

L'ordre numérique du catalogue ne sera pas suivi.

LE CATALOGUE SE DISTRIBUE :

A AMIENS,	chez M. Ducatelle, commissaire-priseur.
A ARRAS,	— M. Cossiau, antiquaire.
A CAMBRAI,	— M. Guilmain, antiquaire.
A DOUAI,	— MM. les commissaires-priseurs.
A ROUEN,	— M. Gony, antiquaire, rue Beauvaisine.
A VERSAILLES,	— M. Leroy, antiquaire, 8, place Hoche.
A BRUXELLES,	— M. Cools, antiquaire.

DÉSIGNATION

IVOIRES ANCIENS

1. — **Groupe**, forme demi-sphérique, représentant le *Paradis terrestre*, Adam et Ève, au-dessus, Dieu le Père dans sa gloire; travail français, époque Louis XIV.

Hauteur : 0ᵐ,23; largeur : 0ᵐ,09.

2. — **Vierge**, statuette demi-ronde bosse; travail école française, manière de Bouchardon.

Hauteur : 0ᵐ,17.

3. — **Portique** à colonnettes de style corinthien avec marqueterie de Boulle, sujets en ivoire, bas-relief sans fond représentant des saints entre des soldats; époque Louis XIV.

4. — **Vase**, style Renaissance, art allemand imité du Caravage, la panse ornée de rinceaux, le col d'enfants, l'anse formée d'une figure de triton, socle uni tourné.

Hauteur : 0ᵐ,25.
Hauteur du socle : 0ᵐ,12.

5. — L'Enfant au chat, d'après Pigalle, statuette ronde bosse ; travail moderne.

Hauteur : 0^m,17.

6. — Enfant défendant son chat d'un chien, pendant du précédent.

Hauteur : 0^m,165.

7. — Vidrecome, travail allemand, représentant sur la panse une chasse au sanglier ; le couvercle est surmonté d'un chasseur sonnant de la trompe ; sur la courbe de l'anse est assis un personnage.

Hauteur : 0^m,36.

8. — Christ à la colonne; travail français du xviiie siècle.

Hauteur : 0^m,10.

9. — Vidrecome couvert, représentant sur la panse une Bacchanale, triomphe de Bacchus enfant, le couvercle surmonté d'une statuette de Bacchus ; travail français, style Renaissance.

Hauteur : 0^m,21.

10. — Vidrecome; travail allemand. La panse représente les méchants précipités aux enfers, le couvercle est orné de trois archanges.

Hauteur : 0^m,22.

11. — Vierge immaculée, sur globe, serpent sous ses pieds, le socle tourné et ajouré, de l'époque Louis XIII; la statuette, travail espagnol, époque Louis XIV.

Hauteur : 0^m,27.

12. — Monument funéraire de Lord Nelson ; école anglaise.

13. — Enfant portant une corbeille de fruits, statuette d'après une porcelaine de Saxe.

Hauteur : 0^m,14.

14. — **Diane, amour et chien**, bas-relief demi-ronde bosse sans fond; travail français, époque Louis XIV.

Hauteur : 0^m,85.

15. — **Bas-relief**, demi-ronde bosse, groupe d'enfants représentant la Danse, six enfants; travail francais.

Hauteur : 0^m,70; largeur : 0^m,12.

16. — **Christ en croix** sur socle ajouré, représentant les évangélistes et les douze apôtres; travail français, époque Louis XIII.

Hauteur : 0^m,145.

18. — **Palmier**, colonnes et attributs divers.

19. — **Jésus debout**, statuette, art français, xviiie siècle.

Hauteur : 0^m,15.

20. — **Calice**, la coupe entourée de jeux d'enfants dont un monté sur un chien, le socle et la tige ornés style Renaissance, le couvercle orné de coquilles.

Hauteur : 0^m,21.

21. — **Suzanne et les vieillards**, bas-relief, demi-ronde bosse, époque Louis XIV, art flamand.

Hauteur : 0^m,11; largeur : 0^m,13.

22. — **Calvaire** dans une vitrine, art hollandais, xiiie siècle, Christ en croix, saintes femmes et saint Jean, attributs de la Passion.

Hauteur : 0^m,29.

23. — **Bas-relief**, demi-ronde bosse, groupe de six enfants représentant la Musique; travail français.

Hauteur : 0^m,07; largeur : 0^m,12.

24. — **Hercule étouffant Antée**, bas-relief, art allemand du xvie siècle dans la manière d'Abraham Bloemaert; cadres en bois sculpté du temps de Louis XVI.

Hauteur : 0^m,15; largeur : 0^m,10.

25. — **Hercule délivrant Hésione**, pendant du précédent.

Hauteur : 0^m,15; largeur : 0^m,10.

26. — **Bas-relief** demi-sphérique représentant trois enfants bacchants et un bouc; travail flamand, école de Duquesnoy, xviie siècle.

Hauteur : 0^m,10; largeur : 0^m,11.

27. — **Sainte Famille**, bas-relief, d'après Mignard; travail français, époque Louis XIV.

Hauteur : 0^m,13; largeur : 0^m,11.

28. — **Vierge tenant l'Enfant**, statuette, art espagnol, époque Louis XIII, représentée sur des nuages, un croissant et tête de chérubin.

Hauteur : 0^m,13.

29. — **Pagode** de style Louis XIII, travail oriental, le portique supporté par des satyres; à l'intérieur, saint personnage à genoux voyant une apparition; au sommet, dans le campanile, une horloge.

30. — **Sainte Famille**, bas-relief, d'après André del Sarte, cinq personnages; travail français, époque Louis XIV. Signé : M. L.

Hauteur : 0^m,10; largeur : 0^m,14.

31. — **Mater dolorosa** soutenue par un ange, bas-relief dans une niche; art allemand du xviiie siècle.

Hauteur : 0^m,14; largeur : 0^m,75.

32. — **Daphné et Apollon**, bas-relief; art flamand, école de Duquesnoy, xviie siècle.

Hauteur : 0^m,17; largeur : 0^m,85.

33. — **Jésus descendu de la croix**, soutenu par la Vierge et un ange, saintes femmes pleurant, groupe bas-relief, demi-sphérique; art français, époque Louis XIV.

Hauteur : 0^m,15; largeur : 0^m,12.

34. — **Sainte Famille**, pendant du précédent, groupe de six personnages imité de Raphaël; travail français, époque Louis XIV.

Hauteur : 0^m,15; largeur : 0^m,12.

35. — **La Résurrection**, bas-relief ivoire, école de Dieppe, composition imitée de Ch. Lebrun; travail du xviie siècle.

Hauteur : 0^m,215; largeur : 0^m,132.

36. — **Le Calvaire**, bas-relief, pendant du précédent. — Huit personnages.

Hauteur : 0^m,215; largeur : 0^m,132.

37. — **Hercule combattant l'hydre de Lerne**, bas-relief; art français, époque Louis XIII, cadre de même époque noir et or.

Hauteur : 0^m,15; largeur : 0^m,10.

38. — **Jésus opérant des miracles**, bas-relief, douze personnages; art Dieppois, xviiie siècle.

Hauteur : 0^m,09; largeur : 0^m,70.

39. — **Teniers**, d'après bas-relief *Fête villageoise*.

Hauteur : 0^m,07; largeur : 0^m,10.

40. — **Jupiter foudroyant Phaéton**, bas-relief ovale; travail français, époque Louis XIV.

Hauteur : 0^m,10; largeur : 0^m,60.

41. — **Crosse d'évêque**, style gothique, dont l'anneau central représente *Agnus Dei*, la partie inférieure représente *Saint Marc*.

Hauteur : 0^m,56.

42. — **Nymphes surprises par un satyre**, bas-relief, dessus de boîte; époque Louis XV.

Hauteur : 0^m,055; largeur : 0^m,075.

4³. — **Abraham s'apprêtant à sacrifier son fils**, art hollandais du xviiiᵉ siècle, haut-relief dans le goût de Rembrandt.

Hauteur : 0ᵐ,20; largeur : 0ᵐ,095.

44. — **Apothéose de Napoléon Iᵉʳ**, bas-relief, art français; époque du premier Empire.

Hauteur : 0ᵐ,70; largeur : 0ᵐ,95.

45. — **Mater dolorosa**, d'après Charles Lèbrun, bas-relief.

Hauteur : 0ᵐ,11; largeur : 0ᵐ,07.

46. — **La Mise au tombeau**, bas-relief ovale; travail français, époque Louis XIII.

Hauteur : 0ᵐ,12; largeur : 0ᵐ,10.

47. — **Jésus présenté au peuple sur l'ordre de Caïphe**, deux bas-reliefs sans fond et sans sol; travail de l'époque Louis XIV, école française.

Hauteur : 0ᵐ,75; largeur : 0ᵐ,12.

48. — **Jésus au mont des Oliviers**, trois morceaux de bas-relief; même époque que le précédent.

Hauteur : 0ᵐ,07; largeur : 0ᵐ,13.

49. — **Déposition de la croix**, figures inférieures à mi-corps; époque Louis XIV.

Hauteur : 0ᵐ,11; largeur : 0ᵐ,10.

50. — **Calvaire, Jésus et les larrons**, *Deux Saintes femmes;* époque Louis XIV.

51. — **Le Couronnement d'épines**; travail de même époque, et un soldat appuyé sur sa hallebarde.

Largeur : 0ᵐ,13.

52. — Jésus conduit au Calvaire, *rencontré par les Saintes femmes;* travail de même époque.

Hauteur : 0^m,07; largeur : 0^m,14.

53. — Portrait de jeune fille de profil; travail français, époque du Ier Empire.

Hauteur : 0^m,05.

54. — Oliphant; travail moderne, style Renaissance.

55. — Les Saintes femmes au tombeau, petit reliquaire sous châsse; travail de l'époque Louis XIV.

56. — La Nativité, bas-relief, école française, xviiie siècle, huit personnages.

Hauteur : 0^m,18; largeur : 0^m,115.

57. — L'Annonciation, pendant du précédent.

Hauteur : 0^m,18; largeur : 0^m,115.

58 — Suzanne surprise par les vieillards, bas-relief, demi-ronde bosse, motif de fontaine triton et dauphin; art allemand du xviiie siècle.

Hauteur : 0^m,075; largeur : 0^m,135.

59. — Plaquette dessus de boîte, *Portrait de Philippe V roi d'Espagne;* travail dieppois, époque Louis XIV.

Hauteur : 0^m,90; largeur : 0^m,60.

60. — Sully, profil sans fond; époque de Louis XVIII.

Hauteur : 0^m,07; largeur : 0^m,05.

61. — Sainte Madeleine, bas-relief sans fond; époque Louis XV, d'après le Bronzino.

Hauteur : 0^m,06; largeur : 0^m,05.

62. — Plaquette ajourée, *Sainte Famille,* d'après André del Sarte.

Hauteur : 0^m,04; largeur : 0^m,03.

63. — Singe faisant la barbe à un chat; travail dieppois, époque Louis XV.

64. — Daphné poursuivie par Apollon, dessus de boîte; époque Louis XIV, art français.

Hauteur : 0^m,65; largeur : 0^m,85.

65. — Ecce Homo, bas-relief demi-ronde bosse, sur motif de style gothique; époque de Charles X.

Hauteur : 0^m,13; largeur : 0^m,05.

66. — La Circoncision, bas-relief d'après Subleyras; travail de l'époque Louis XV.

Hauteur : 0^m,09; largeur : 0^m,10.

67. — Faune dansant et bacchante, d'après une fresque de *Pompéi*; bas-relief moderne.

Hauteur : 0^m,85; largeur : 0^m,09.

68. — Enfant Jésus dormant sur des fleurs, haut-relief; travail moderne.

Longeur : 0^m,10; largeur : 0^m,045.

69. — Chef-d'œuvre de tour, surmonté d'un christ; travail de l'époque Louis XIV.

70. — Dunois, statuette, art moderne français.

Hauteur : 0^m,135.

71. — Vierge présentant l'Enfant, statuette ronde bosse, époque Louis XV; travail dieppois.

Hauteur : 0^m,19.

72. — Saint Jean, statuette, art allemand du xviie siècle.

Hauteur : 0^m,28.

73. — Saint Jean prêchant, statuette ronde bosse; art français, époque Louis XVI.

Hauteur : 0^m,20.

74. — Henri IV, petit buste d'après Prieur, travail moderne.

Hauteur : 0^m,07.

75. — L'Automne, statuette imitée de Pradier.

Hauteur : 0^m,25.

76. — Nymphe portant des fleurs dans sa robe, statuette ; art moderne.

Hauteur : 0^m,10.

77. — Le Printemps, statuette imitée de Pradier ; art moderne.

Hauteur : 0^m,25.

78. — Saint Jean enfant, statuette ronde bosse ; travail moderne.

Hauteur : 0^m,15.

79. — Enfant Jésus montrant sa croix, statuette, art moderne.

Hauteur : 0^m,15.

80. — Jeanne d'Arc, statuette, art moderne français.

Hauteur : 0^m,15.

81. — Boîte ronde, avec bas-relief représentant Apollon faisant écorcher Marsyas ; travail époque Louis XIV.

82. — Saint Sébastien secouru par de saintes femmes et des anges, bas-relief sans fond ; travail français, époque Louis XIV.

Hauteur : 0^m,22 ; largeur : 0^m,16.

83. — Saint François Xavier, à qui l'Enfant Jésus apparaît un lis à la main ; travail de l'époque Louis XV, cadre bronze doré, époque Louis XVI.

Hauteur : 0^m,12 ; largeur : 0^m,11.

84. — La Vierge présentant Jésus, statuette ronde bosse, école française ; époque Louis XVI.

Hauteur : 0^m,25.

**85. — La Vierge présentant l'Enfant Jésus debout
sur un globe et terrassant le Serpent;** travail
moderne.

Hauteur : 0^m,20.

86. — Le Saint-Sépulcre entouré de soldats, bas-
relief sans fond; travail du xviie siècle.

87. — Jean Bart, statuette, art moderne de Dieppe.

Hauteur : 0^m,12.

88. — Groupe de mendiants, homme et femme imités de
Callot.

Hauteur : 0^m,10.

89. — Savetier et son sansonnet, groupe ivoire d'après
Delaville; époque Louis XVI.

Hauteur : 0^m,12.

90. — Corne de cerf, poire à poudre, David et Bethsabée;
art flamand du xvie siècle.

91. — Silène sur un âne, statuette d'après Cyfflé; travail
moderne.

Hauteur : 0^m,12.

92. — Enfant Jésus prêchant, art français; époque
Louis XVI.

93. — Familles de mendiants (cinq); travail dieppois,
imité de Delaville (de Lens).

Hauteur : 0^m,10; largeur : 0^m,10.

94. — Rajah dans un palanquin et dix porteurs;
travail indien moderne de Bombay.

Longueur : 0^m,17.

95. — Enfant Jésus bénissant, statuette, art français
Louis XIV.

Hauteur : 0^m,12.

96. — **Famille de gueux**, groupe imité de Callot; art
moderne.
Hauteur : 0^m,09; largeur : 0^m,10.

97. — **Ève**, statuette, art espagnol; travail du xviiie siècle.

98. — **Mendiante jouant de la vielle**; travail dieppois
moderne.
Hauteur : 0^m,13.

99. — **Mendiant jouant du violon**; travail dieppois
moderne.
Hauteur : 0^m,13.

100. — **Malingreux**, d'après Callot; travail français, époque
du xviiie siècle.
Hauteur : 0^m,09.

101. — **Mendiante tenant un chapelet**; travail moderne
dieppois.
Hauteur : 0^m,15.

102. — **Gueux mendiant**, genre Callot; art moderne.
Hauteur : 0^m,15.

103. — **Gueux mendiant**, genre Callot.
Hauteur : 0^m,15.

104. — **Marchand de chansons**; travail dieppois.
Hauteur : 0^m,14.

105. — **Jonque moderne**; travail de Bombay, art moderne.
Longueur : 0^m,35.

106. — **Gueux se grattant l'oreille**, statuette dans le
goût de Callot.
Hauteur : 0^m,09.

107. — **Aveugle mendiant**, statuette, art moderne, imité
de Callot.
Hauteur : 0^m,14.

108. — **Mendiante**, genre Callot; travail moderne.
Hauteur : 0^m,085.

109. — Mendiant tenant son chapeau à la main, statuette dans le goût de Callot.

Hauteur : 0^m,15.

110. — Portique ébène, époque Louis XIII, avec statuette de Vierge.

Hauteur : 0^m,20.

111. — Statuette, Vierge ; deux saints et deux émaux anciens de Limoges.

112. — Baigneuse sortant du bain, statuette moderne.

Hauteur : 0^m,105.

113. — Apollon du Belvédère, statuette ; travail moderne.

Hauteur : 0^m,14.

114. — Apollon du Belvédère ; travail moderne.

Hauteur : 0^m,15.

115. — L'Amour appuyé sur son arc, statuette imitée de C. Van Loo ; art moderne.

Hauteur : 0^m,09.

116. — Paire de flambeaux, style Louis XVI, la gaine formée par des figures d'enfants supportant le binet.

Hauteur : 0^m,24.

117. — Sainte Cécile jouant de la harpe, art moderne.

Hauteur : 0^m,125.

118. — Mercure, statuette d'après l'antique.

Hauteur : 0^m,15.

119. — Pieta, groupe du XVIIe siècle.

Hauteur : 0^m,035.

120. — Saint prêchant, statuette, art moderne.

Hauteur : 0^m,10.

121. — **Diane chasseresse**, statuette d'après l'antique; travail moderne.

Hauteur : 0^m,145.

122. — **La Vierge, Jésus et saint Jean**, bas-relief demi-ronde bosse; art français, époque Louis XIV.

Hauteur : 0^m,06; largeur : 0^m,055.

123. — **Le Repos en Égypte**, bas-relief, époque Louis XV; art flamand, six personnages.

Hauteur : 0^m,12; largeur : 0^m,24.

124. — **Saint Michel terrassant le démon**; travail dieppois, d'après Raphaël.

Hauteur : 0^m,18.

125. — **Boîte ronde**, nombreux personnages, arbres et kiosques; travail chinois.

126. — **Molière**, statuette, art moderne.

Hauteur : 0^m,12.

127. — **Rousseau**, buste d'après Houdon; travail moderne.

Hauteur : 0^m,13.

128. — **Buste de jeune garçon**, art moderne.

Hauteur : 0^m,11.

129. — **Buste de jeune fille**, art moderne.

Hauteur : 0^m,11.

130. — **L'Enfant à la souricière**, groupe; travail moderne.

Hauteur : 0^m,13.

131. — **Enfant assis présentant son chapeau**, imité d'une statuette de Saxe; travail moderne.

Hauteur : 0^m,11.

132. — Jésus enfant, statuette, art espagnol ; époque
Louis XIV.

Hauteur : 0^m,08.

133. — Bas-relief rond, représentant un génie écrivant ;
travail de Dieppe, époque Louis XVI.

134. — Le Verrou, d'après Fragonard, bas-relief, boîte
en buis ; travail de Paris, époque Louis XVI.

135. — Vénus et deux Amours, statuette, art moderne.

Hauteur : 0^m,115.

136. — Tête à double face, Christ et tête de mort,
époque du xviiie siècle.

137. — Bacchus à la panthère, statuette, art moderne.

Hauteur : 0^m,14.

138. — Modèle de frégate.

139. — Manche de couteau, époque Louis XIII.

Longueur : 0^m,09.

140. — Boîte ronde avec bas-relief ajouré, représentant une bergère endormie et deux Amours ; travail dieppois, époque Louis XVI.

141. — Pipe et son tuyau ; travail allemand, époque de
1840.

142. — Boîte rectangulaire, époque de la Régence, avec
scène galante.

143. — Femme coiffée d'un turban, art moderne
(broche).

144. — Berger jouant de la flûte, d'après l'antique.

Hauteur : 0^m,12.

145. — Sceptre, style Renaissance.

Longueur : 0^m,41.

146. — **Bas-relief ajouré**, amours jardiniers d'après Boucher; travail dieppois, époque Lou s XVI.

147. — **Sainte Madeleine dans sa grotte**, art e pagnol du xvıı^e siècle.

Hauteur : 0^m,13.

148. — **Bacchus offrant sa coupe à l'Amour**, bas-relief pour broche; travail moderne.

149. — **L'Automne**, bas-relief ovale, moderne broche.

150. — **Mercure appuyé sur un arbre**, statuette d'après l'antique.

Hauteur : 0^m,12.

151. — **Jeu de boules**, tournées, ouvrées et peintes; travail ancien chinois.

152. — **Bas-relief ovale**, la *Vierge allaitant Jésus.*

153. — **Coffret**, style bysantin, couvercle rond, représentant les animaux de l'Apocalypse, imitation d'un coffret du xe siècle.

Longueur : 0^m,17; largeur : 0^m,09; hauteur : 0^m,09.

154. — **Petit vase tourné et ajouré**; travail moderne.

Hauteur : 0^m,14.

155. — **Rebecca et Éliézer**, broche.

156. — **Archange combattant**, statuette, époque Louis XIV.

157. — **Deux modèles de flambeaux d'église**, époque Louis XIV; travail de tour et de découpage.

158. — **Six manches de couteau**, sujets chasses, chiens et animaux divers.

159. — **Couteau**, époque Louis XIII, *Chasse au sanglier.*
Fourchette, époque Louis XIII, *Groupe d'enfants luttant.*

160. — **Boîte ovale**, époque Louis XIV, *Deux buveurs fla-mands*.

161. — **Étui à flacon**, art chinois, travail ajouré avec branches de fleurs et feuilles.

162. — **Corbeille contenant des fleurs**; travail dieppois, époque Louis XVIII.

163. — **Autre pendant du précédent.**

164. — **Vue du port de Honfleur**, bas-relief de Dieppe, époque Louis XVI.

Paris. — MAY & MOTTEROZ, Lib.-Imp. réunies, 7, rue Saint-Benoît.